AF244839

Ib 46
5/38 537

LETTRE

A MESSIEURS LES MEMBRES

DES

COLLÉGES ÉLECTORAUX.

LETTRE

A MESSIEURS LES MEMBRES

DES

COLLÉGES ÉLECTORAUX,

RASSEMBLÉS AU CHAMP-DE-MAI.

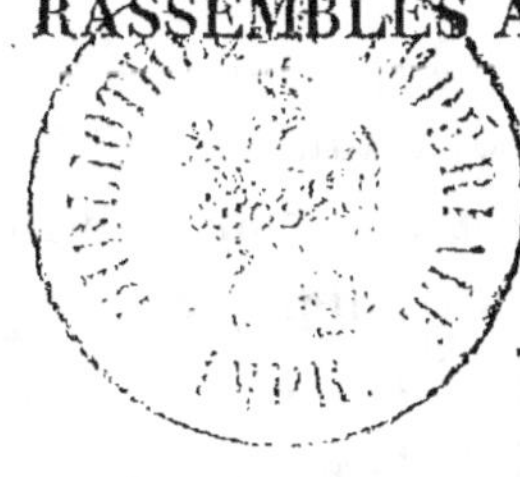

Point de noblesse héréditaire
en France..............

A NANCY,

CHEZ VINCENOT, LIBRAIRE,

Rue des Dominicains, N.° 177.

1815.

AVIS AU LECTEUR.

Cet ouvrage était imprimé en grande partie avant que l'acte additionnel aux constitutions de l'Empire m'ait été connu. Il m'a paru qu'il ne contenait rien de contraire à notre nouvelle constitution, et j'ai pensé qu'on ne confondrait pas l'établissement de la Pairie héréditaire, avec l'hérédité dans la noblesse.

A MESSIEURS LES MEMBRES

DES

COLLÉGES ÉLECTORAUX.

MESSIEURS,

Vous voulez le bonheur et la gloire de notre Nation; vous voulez profiter des leçons de l'expérience pour donner à chaque Français toute liberté compatible avec la tranquillité publique; vous désirez affermir et faire passer d'âge en âge un esprit national qui rattache à la patrie chaque membre de l'État, et qui rende à jamais impossibles les divisions d'opinions et de désirs, qui finissent quelquefois par armer les citoyens les uns contre les autres. Ce noble but, vous l'atteindrez, on n'en saurait douter, étant guidés par le plus grand des mortels, par celui qui a sacrifié son indépendance et ses justes vengeances à notre tranquillité.

Quoique non appelé à faire partie de votre

illustre assemblée , quoique bien persuadé que chacun de vous s'est fortement pénétré de l'importance des fonctions qu'il aura à remplir, et de l'inutilité du présent écrit ; cependant je suis comme vous Citoyen , et je porte à ma patrie un amour qui ne peut être surpassé par aucun de mes compatriotes. Jeune encore et plein d'ardeur, à peine sorti de l'humiliation dans laquelle je me suis cru plongé , je respire et m'écrie : « Vive à jamais le nom français, vive Napoléon »! Je fais des plans de bonheur, je m'enivre de la prospérité future de ma patrie, et je vous offre quelques-unes de ces idées spontanément conçues, espérant que j'obtiendrai votre indulgence en faveur de mes bonnes intentions, et que vous excuserez les fautes dans lesquelles ma précipitation et mon inexpérience dans l'art d'écrire pourront me faire tomber.

Le temps ne s'écoule pas sans donner des leçons aux législateurs ; il nous a fait connaître que la noblesse avait été une des causes principales de la révolution française.

Cette révolution a démontré qu'en multipliant les propriétaires, on augmentait la prospérité de l'Etat, et par suite, sa population et sa force.

L'histoire des Empereurs romains, celle des

Papes, celle de la Pologne, et notre révolution nous ont appris que les élections des Souverains entraînaient quelquefois plus de maux à l'Etat, que n'en pourrait faire un Néron.

A peine, autrefois en France, était-on parvenu à amasser quelque fortune, qu'on achetait des titres de noblesse ; l'acquéreur espérait par-là pouvoir placer ses enfans avantageusement.

Toutes les charges étant supportées par la roture, il s'ensuivait que plus le nombre des roturiers riches diminuait, plus ce qui en restait devait se trouver surchargé. Dans cet ancien ordre de choses, quoiqu'il ne fût pas nécessaire d'être noble pour obtenir divers emplois, par le fait ces emplois ne s'accordaient qu'à des nobles ou à des gens assez riches pour les acheter : il en résultait que les hommes à talens, sans noblesse ou sans fortune, étaient réduits à n'occuper que des places très-subalternes, et à sentir la médiocrité des talens de leurs supérieurs en place ou en dignité. Dans une hiérarchie de pouvoirs ainsi composée, Napoléon peut-être ne serait qu'un colonel ; Murat, un capitaine ; des maréchaux, de pauvres officiers de fortune : nos plus célèbres jurisconsultes, Cambacérès, Regnier, Boulay ne seraient point parvenus à la charge de conseillers à un parlement; et quelques ignorans bien riches ou bien nobles occuperaient encore les premières charges de l'État.

C'est à cette disproportion bien sentie entre les talens du tiers-état et ceux des autres ordres, qu'on doit cette célèbre et hardie séance de l'assemblée nationale au jeu de paume. Dès-lors le tiers-état acquit de jour en jour la preuve de sa supériorité; il demanda l'abolition des priviléges : c'est à l'opposition de la Cour et des deux autres ordres, qu'on doit tous les malheurs qui ont été les suites de la révolution; mais enfin cette abolition fut prononcée, et l'égalité des conditions proclamée. Nous savons tous avec quel enthousiasme cet acte fut reçu par la nation. Les Français devinrent de nouveaux hommes, capables de tout entreprendre; et l'homme sous le chaume, comme le simple soldat, saluèrent par des cris de joie le beau jour qui les rendait citoyens et qui leur donnait l'assurance que les services qu'ils rendraient à la patrie seraient reconnus et récompensés. Il fut alors établi en principe que les gens à talens seuls pourraient occuper les places; que les places seules donnaient des distinctions entre les citoyens. L'émulation gagna tout le monde : le bourgeois, le soldat voulut faire preuve de valeur, preuve de patriotisme; tous les gens de bien se présentèrent ; et, si l'on avait su les employer, la révolution était finie : mais alors les préjugés, le fanatisme et la mauvaise foi, une politique ténébreuse, l'ambition, la corruption et les anciens privilégiés disposaient des premières places, et considéraient comme licence effrénée les principes proclamés par la nation. Ils n'eurent garde d'appeler aux places les gens de bien, et ils employèrent des gens à préjugés, des factieux ou des ambitieux, sûrs par-là de mettre le trouble dans l'Etat, espérant que la nation, fatiguée de tant de secousses qui sont devenues sanglantes, rétrograderait et redemanderait l'ancien état de choses sous lequel on était plus tranquille. Heureusement le peuple comme l'armée conservèrent les principes de l'égalité. La valeur française ne reconnut pas les marches tortueuses de l'intrigue ; il fallut prouver comme soldat qu'on était brave, pour pouvoir ensuite commander à ses frères d'armes. C'est cette noble ambition de la valeur qui nous fit remporter la victoire à la célèbre bataille de Jemmapes, et conduisit nos armées de victoire en victoire, au point de vaincre l'Europe entière liguée contre nous, et cette masse de factieux qui, de l'intérieur de la France, voulaient nous dominer.

Des temps plus calmes vinrent succéder aux

orages révolutionnaires. Cependant on ne fut pas long-temps sans inquiétudes; les chefs du Gouvernement, jaloux les uns des autres, cherchaient à se dominer respectivement. Dans le Conseil des Anciens et dans d'autres Corps de l'Etat, quelques membres parlèrent du retour des Bourbons; alors parurent deux écrits célèbres qui firent sentir les maux qu'occasionnerait ce retour, en comparant notre révolution à la révolution anglaise; ces deux ouvrages furent singulièrement applaudis (a).

Par l'effet qu'avait produit ces deux brochures, le parti opposé aux partisans des Bourbons en devint plus populaire; on vit le peuple influer sur les décisions du Gouvernement; on parlait du rétablissement des clubs; enfin nous étions de nouveau menacés de l'anarchie.

L'Etat flottait sur le vague des opinions qui

(a) L'expérience d'une année nous a montré que si à cette époque, les Bourbons étaient montés sur le trône, ils n'auraient pas eu la patience d'attendre dix ans pour compléter leur contre-révolution : car, à cette époque ils n'eussent point été retenus par une nouvelle noblesse qu'ils ont été forcés, malgré eux, de ménager ; quoiqu'il ait paru que leur projet était de l'anéantir, puisqu'ils ont refusé à plusieurs de changer leurs blasons.

commençaient à s'entre-choquer ; il semblait un vaisseau battu par la tempête. Enfin parut le sauveur de la patrie, cet homme, enfant de la victoire et du génie de la liberté, qui prit d'une main ferme les rênes du gouvernement, et donna à la nation un nouveau pacte social. Cet acte n'était sans doute point parfait, mais il n'en était pas moins supérieur à tout ce que nous avions eu jusqu'alors ; il était approprié aux circonstances. Ce premier titre était presque inexécutable, comme trop populaire. Les élections des Consuls pouvaient encore entraîner des déchiremens dans l'Etat : on le sentit, et ces deux vices furent réparés.

Que de bien nous fit le premier Consul ! Il rassembla les individus même d'opinions opposées, les rattacha tous à l'Etat, en accordant aux uns et aux autres des places et des faveurs. Sa main ferme fit marcher de pair l'ancien privilégié et le jacobin, qui furent tout étonnés de devenir citoyens paisibles. Il sut profiter des lumières des uns et des autres pour les faire tourner au bien de l'Etat. La sagesse de son administration inspira une confiance infinie ; les émigrés vinrent abjurer les opinions qu'ils avaient professées. Sa tolérance leur rendit une patrie qu'ils juraient de défendre. L'armée applaudit avec enthousiasme au choix de la Nation. Le premier Consul était sorti de ses rangs ; elle savait qu'elle trouverait en lui un juste appréciateur des talens militaires : aussi l'émulation dans l'armée fut portée à son comble ; les Français combattant sous ses yeux devenaient autant de héros. Il sut entretenir cette émulation par des distinctions flatteuses ; il institua l'ordre de la Légion d'honneur. Que d'actions d'éclat, que de victoires ne doit-on pas à cette institution ! combien se trouvent honorés les braves qui ont obtenu cette décoration ! On ne dit pas qu'à ces époques aucune place dans l'armée ait été accordée à la seule faveur : je ne crois pas qu'un faux brave eut jamais osé en solliciter une.

Il fit plus encore, cet homme vraiment grand ; il proclama la liberté des cultes ; il fit un concordat avec le pape, pacifia la Vendée. Il donna des codes, et par-là fit plus de bien aux Français que ne leur en firent tous les Rois de France dans tout leur long règne. Enfin disparut en partie le vice des réélections du Consul ; on ne saurait trop remarquer avec quelle grandeur d'ame Napoléon agit en cette occasion difficile : on vit le plus grand des Français, celui qui avait fait le plus de bien à sa nation, consulter le peuple pour savoir s'il conserverait le consulat à vie. La Nation répondit *oui*, et c'est ainsi que la France

crut pouvoir récompenser les bienfaits qu'elle
avait reçus de lui; mais il existait encore, le vice
de l'élection du premier Consul, après la mort
de Napoléon Bonaparte; il disparut aussi. La
Nation nomma le premier Consul, Empereur,
et assura cette dignité par ordre de primogéni-
ture dans sa descendance masculine. A cette époque la Nation avait toutes les garanties possibles
de la stabilité; l'Europe entière le sentit, et on
pensa que rien ne pouvait plus vaincre notre
gouvernement, si ce n'était la corruption. Les
anciens privilégiés et les gens à préjugés, qui
comptaient profiter des commotions que l'Etat
éprouverait lors de l'élection du chef de la nation,
perdirent tout espoir; mais comme dès leur naissance ils se croyaient faits pour être supérieurs
aux autres citoyens, et occuper des places, ils
n'eurent plus d'autres ressources, pour satisfaire
leur ambition et leurs préjugés, que de chercher
à faire leur cour au Prince qui les accueillit et
crut voir en leur soumission la garantie de l'union
générale des Français au pacte social. On dit qu'un
Souverain étranger fit observer à l'Empereur
que sa Cour avait l'air d'un camp, et qu'il serait
convenable de rappeler près de lui l'ancienne
noblesse, qui faisait autrefois l'appui et les agré-
mens de la Cour. On avait donc oublié que la

Cour de France, au bivouac de Presbourg, avait reçu plus d'honneur et d'éclat que n'en a jamais reçu aucune cour de l'Europe. Alors l'Empereur refusait encore les honneurs dûs aux grands hommes; il avait refusé l'hommage d'une statue; mais, à force d'adulations et d'encens, on le mit au-dessus de tout, et ceux qui l'entouraient n'étaient plus rien. Sans doute il était et il est encore le premier Souverain du monde, mais c'est à ses talens et à l'amour de son peuple qu'il le doit. C'est à la reconnaissance que nous lui vouons, pour avoir voulu faire de la nation une nation indépendante, tant par son industrie que par sa force.

L'ambition obtint ce fameux sénatus-consulte du 5 juin 1806, qui donne une souveraineté au ministre Talleyrand, qui plus tard a trahi l'Empereur, et une autre souveraineté à Bernadotte, qui a porté les armes contre sa patrie; celui du 14 août 1806, donnant les bases de nouveaux majorats; et enfin, le décret du 1er. mars 1808, qui établit une noblesse en France, la rend héréditaire, donne les moyens de l'obtenir, et en permet un accès facile aux riches.

L'Empereur, en épousant Marie-Louise, Archiduchesse d'Autriche, crut probablement, par cette union, assurer à la France un allié, n'avoir plus rien à craindre des entreprises du nord contre la France, et pouvoir réaliser dans notre patrie ses grands projets de félicité et de prospérité publiques, dont une partie recevait son exécution, nonobstant les guerres qui avaient duré jusqu'alors. Pour assurer la stabilité du trône, il eut à combattre ses affections et sacrifia une partie des avantages que la victoire lui avait donnés sur l'Autriche. Tous les Français savent s'il a réussi selon son attente.

Marie-Louise, élevée dans une cour où la naissance fait le mérite et donne les places, dut accueillir les noms autrefois connus. Aussi, vit-on les anciens nobles obtenir des titres et des places de Chambellans, de Préfets, etc., etc.; eux dont tout le mérite était dans la naissance, et dont toutes les actions antérieures n'avaient eu pour but que de porter les armes contre leur patrie. On donna aussi des titres à presque tous les premiers fonctionnaires et aux officiers supérieurs de l'armée; par-là on voulut fondre l'ancienne noblesse dans la nouvelle, et faire voir à la nation que l'ancienne famille régnante n'avait plus aucun partisan. Mais la nation avait entièrement oublié les Bourbons; et si quelques Français s'en souvenaient, c'était ceux-là même que la faveur avait rapproché du trône. Grand nombre de nouveaux réennoblis n'oubliaient pas leur ancienne influence, ils reçurent nombre de bienfaits de l'Empereur; les uns des pensions en indemnité de leurs biens vendus; d'autres obtinrent d'autres faveurs. Mais rien ne put les attacher réellement à leur bienfaiteur, ils auraient voulu jouir des faveurs de la cour et de la fortune, comme autrefois ils en jouissaient, c'est-à-dire tranquillement, sans être tenus à rendre des services. Ils parvinrent à persuader à plusieurs de leurs nouveaux confrères que c'était ainsi qu'on pouvait vivre noblement. Quelques-uns de ceux-ci croyaient avoir assez fait pour la gloire, et avoir mérité bien au-delà les faveurs qu'on leur avait accordées; ils se plaignaient hautement du peu d'égards que l'Empereur avait pour eux; ils semblaient dire : « sans mes services que seriez-vous? » ils semblaient désirer le sort de leurs enfans, qui, sans efforts, jouiront de leurs honneurs et de leur fortune. Ils apprirent encore des réennoblis de quelle manière on devait faire sentir sa supériorité à ses inférieurs; ils reçurent d'eux des leçons d'orgueil. On dit qu'il est grand de faire des ingrats. Qui au monde est plus grand que Napoléon?

En 1813 la France souffrit beaucoup par suite de trahisons de la Prusse, de la Bavière, des Saxons et autres peut-être plus funestes, dont le bruit a couru dans le peuple, mais dont aucun document officiel n'a été connu. La France fut réduite à se défendre sur son propre territoire, les levées en masse devenaient indispensables, l'armée et le peuple étaient restés fidèles à l'honneur, à leur chef. Mais on ne fut pas secondé d'une manière convenable; c'est alors que les mauvais citoyens, au nombre desquels se trouvèrent d'anciens et de nouveaux nobles, cherchèrent à miner l'opinion publique, à tourner en ridicule et en injustice l'honneur et la gloire nationale, et qu'ils ne voulurent pas entendre cette vérité : « sauvons notre patrie, puis nous nous occupe- » rons de la répression des abus. » Le corps législatif dut être dissous, puisque dès sa première assemblée, il s'occupa beaucoup moins des dangers de l'État que d'en rechercher les sources, lorsqu'il n'était pas tems d'y remédier (*a*). L'Empereur fit ce que le corps législatif aurait dû faire ; par un décret il leva un impôt. S'il est vrai qu'il n'en avait pas le droit, il n'est pas moins vrai que le salut de l'Etat est la loi suprême.

––––––––––––

(*a*) Il est de principe que celui qui a le droit de convoquer a le droit de dissoudre.

Le discours de M. Laisnez fit un mal incalcu-
lable dans l'esprit public. La France fut envahie.
Les alliés déclarèrent qu'ils ne faisaient point la
guerre à la nation, mais bien à son chef.

Le comte d'Artois, sous la protection des alliés,
parcourut les derrières de leur armée, il promit
au peuple l'abolition des droits réunis, de la
conscription ; les nobles oublièrent les bienfaits
de l'Empereur et s'en vengèrent par la calomnie ;
et quoiqu'on ne leur promit pas publiquement
de les réintégrer dans leurs anciens droits, ils
en conçurent l'espérance ; enfin, Paris fut vendu.
On vit une soixantaine de nobles parcourir la
capitale, distribuer de l'argent au peuple pour
lui faire arborer la cocarde blanche. Depuis,
ces messieurs ont eu la bonté de faire connaître
au public les obligations qu'on leur avait en
se disputant dans les journaux l'honneur d'avoir
coopéré à cette brillante affaire. L'ennemi, sûr
de la fidélité d'une grande partie des habitans
de Paris à l'Empereur, crut, pour sa sûreté,
devoir annoncer que l'Empereur avait ordonné
que l'on fît sauter une partie de sa capitale.
On crut avoir échappé aux dangers les plus
éminens, et en avoir l'obligation aux alliés. Alors
s'offrit deux spectacles étonnans, des Sénateurs,

tous comtes d'Empire, ayant tous des émolumens indépendans de l'administration du Gouvernement, étant chargés de maintenir la constitution, n'ayant d'autorité que par cette constitution, en prononcer l'abolition; et après avoir prononcé cette abolition, se remettre sur les rangs pour déclarer la déchéance de l'Empereur, et lui reprocher entr'autres choses, les guerres qui toutes ont été entreprises d'après les conscriptions décrétées par le sénat; ils eussent été plus conséquens s'ils se fussent contentés de dire : « l'Empe-
» reur abusa de ses pouvoirs; il fut un tyran
» en nommant des hommes tels que nous pour
» garder la constitution; et en nous comblant
» de bienfaits, il nous a étouffés. » C'est la seule bonne raison qu'ils puissent donner, à moins cependant qu'ils n'allèguent la peur : dans ce cas, leurs principes seraient plus qu'humains, et si les militaires les adoptaient, la guerre ne deviendrait qu'un combat de grimaces; et celui qui aurait fait peur à son adversaire remporterait la victoire. Messieurs les comtes sénateurs oublièrent que les sénateurs romains attendirent la mort sur leurs chaises curules, lors de l'envahissement de Rome par les Gaulois.

Quoiqu'il en soit, ce prétendu sénatus-consulte du 5 avril, et l'arrêté du Gouvernement provisoire du 4, qui autorise les conscrits à rentrer dans leurs foyers, firent encore diminuer le parti de l'Empereur. Malgré ces défections, l'Empereur avait encore une armée formidable et sur laquelle il pouvait compter : ceux qui lui étaient restés fidèles étaient à l'épreuve.

Les provinces envahies avaient su apprécier les promesses de l'ennemi, et leur longue oppression leur avait donné de l'énergie ; l'Empereur devait le savoir, il pouvait encore résister et chasser les ennemis du territoire Français. Mais il fut plus grand encore.

Les Bourbons venaient d'être imposés à la France par ses ennemis, les vieillards seuls, ceux qui n'étaient plus dans les rangs les avaient connus : par préjugés d'enfance et par suite de la fidélité qu'on leur avait inspirée dès leur jeune âge, ils crièrent *vive le Roi!* On sait que la masse des citoyens ne peut apprécier par elle-même ses véritables intérêts. Le marchand criait vive le Roi comme il eut crié « vive l'abolition des » droits réunis. La mère criait vive le Roi, au » lieu de crier vive mon enfant qui me revient ; » d'autres criaient vive le Roi comme on crie vive la paix ; mais bien peu criaient vive le Roi, en sachant de qui ils demandaient la prolongation de la vie. Louis XVIII ne jouissait pas même d'une réputation quelconque avant la révolution (a). Malgré ces mouvemens, la classe instruite, celle qui peut diriger, resta fidèle à l'Empereur ; les citoyens de cette classe se crurent humiliés et cessèrent de se montrer ; mais la moindre des choses pouvait les réveiller, ce réveil eût été terrible, et le choc des citoyens, effroyable ; rien n'aurait pu l'arrêter, pas même l'Empereur.

Celui-ci, plus grand que la victoire, et voulant régner pour le bien du peuple Français, ne voulant pas le diviser ni perdre un citoyen par la main d'un de ses concitoyens, donna son abdication ; elle fut forcée non par ses ennemis, moins encore par les trahisons et la calomnie, mais bien par son amour pour la France, qu'il ne voulait pas voir déchirer, mais qu'il voulait toujours voir grande et forte, et il eut soin de commander à ses troupes l'obéissance au Roi.

Non, rien n'est comparable à cette abdication !

Le Roi parut : MM. Carnot, Méhée, les auteurs

(a) On a dit que Monsieur, de concert avec le parlement, avait voulu faire interdire Louis XVI, faire déclarer ses enfans bâtards, et établir en France une aristocratie dont il eut été chef. Histoire de la révolution de France, par Fantin Desodoards, tom. 1.er, pag. 45: on se souvient des Louis Conuus.

2

du censeur, firent connaître les fautes de son Gouvernement; mais une des plus fortes, c'est de n'avoir pas connu l'armée. On a dit des Bourbons, avec bien de la vérité, que dans leur exil ils n'avaient rien appris ni rien oublié. Aussi, le Roi ne sut pas que l'armée n'était plus composée comme jadis, c'est-à-dire, en partie, du rebut de la société, de la misère du peuple, des bourgeois ruinés, des fils congédiés ou libertins, ou de misérables milices, dont tout l'espoir ne se portait jamais au-delà de devenir sous-officiers, et après de longs services, quelquefois officiers, puis congédiés. Mais que l'armée était composée de toutes les classes de la société; presque tous ces braves militaires conservaient des liaisons avec leur famille, et leur ambition n'était arrêtée que là où ils pensaient que leur valeur ne pourrait atteindre. On promit tout à l'armée, le maintien de la légion d'honneur, de ses appointemens et de ses prérogatives. Mais on ne paya pas les pensions aux légionnaires; on voulut supprimer l'établissement des orphelins de la légion d'honneur; on donna cette décoration, qui doit être la récompense du mérite militaire ou des services rendus à l'État, à des gens qui n'avaient aucun titre pour l'obtenir, et qui, pour la plupart, étaient mal notés dans l'opinion

publique. Beaucoup d'officiers furent renvoyés
en demi-solde, et une partie remplacés par des
émigrés, qui n'avaient d'autres preuves de talens
militaires à donner que les succès qu'ils avaient
obtenus, en portant les armes contre leur patrie.
On déféra des grades supérieurs à beaucoup
d'émigrés ou à des gens qui ne furent jamais
connus de l'armée. Cela mécontenta les simples
officiers et les soldats, ils se crurent tous trompés
dans leurs espérances. Le peuple auquel on avait
promis l'abolition des droits réunis, fut extrê-
mement mécontent. On reprochait à l'Empereur
son décret sur les impositions extraordinaires
additionnelles aux impositions directes et indi-
rectes; on devait croire qu'il ne serait pas
exécuté; au contraire, le Roi en ordonna l'exécution. On reprocha à l'Empereur d'avoir aboli
la liberté de la presse; le Roi, par la charte
constitutionnelle, donna cette liberté; puis, par
une loi, il la fit révoquer. Le Roi manquant à sa
parole, perdit beaucoup de la confiance de la
nation. On ne crut plus à l'irrévocabilité des
ventes des biens nationaux. Les anciens nobles,
les émigrés, les prêtres, qui se trouvaient alors
en faveur, se flattaient hautement que sous peu
ils rentreraient dans leurs droits et propriétés;
la tolérance religieuse n'était plus entière. Une

bruit se répandait que M. le comte d'Artois avait protesté contre l'acte constitutionnel, que c'était de son agrément qu'on avait publié une brochure intitulée : « remontrances du parlement. » Que ce prince promettait tout à la noblesse et au clergé, que selon son opinion, la France ne serait calme qu'en retournant à ses anciennes formes. On devait le craindre, quand on se rappelait que le Roi avait déclaré que la nation n'avait pas le droit de se donner une constitution, que toute autorité émanait de sa personne, par le fait seul de sa naissance, et qu'il appelait la charte une concession de ses droits ; par-là cette charte n'était plus un pacte, et il conservait à ses successeurs tous droits de la changer ou de la retirer, et rendre exécutoires les ordonnances rendues par lui pendant son exil, et notamment celle rendue à Mittau lors de son avénement au trône, après la mort de Louis XVII.

Le duc d'Orléans, disait-on, complotait pour monter sur le trône ; à sa cour, qui était très-brillante, il recevait ceux qui étaient mécontens du Roi. Les individus qui occupaient des places et avaient marqué pendant la révolution, furent destitués. Les prêtres qui avaient abandonné l'autel furent menacés. Tous les préfets et sous-préfets avaient été congédiés lors de l'entrée des Bourbons. Ceux-ci avaient peu de confiance au peuple, et le peuple n'en avait aucunement en eux. Ils outragèrent au-delà de toute mesure celui auquel ils devaient leur trône, et qui, de leur aveu, leur avait antérieurement proposé une couronne ; ils voulurent le faire assassiner. Ils crurent peut-être qu'à force d'outrages et de calomnies, ils pourraient persuader les Français.

Ils obtinrent un résultat tout opposé. Le mécontentement de l'armée passa au peuple, celui du peuple à l'armée, il devint général (a).

(a) Je crois devoir faire observer ici que d'après la formation de notre armée, il me paraît qu'il est impossible qu'elle ait une opinion et un sentiment différens de celui du peuple, parce qu'elle est formée de toutes les classes de la société, étant respectivement en relations continues ; et ce motif a été un des plus puissans qui ait contribué à l'expulsion des Bourbons, sans coup-férir. Si dans le midi de la France il parut y avoir quelque résistance, c'est que le peuple y avait été égaré, et on ne parvint pas à y établir une résistance suivie ; il était impossible que l'armée se battît contre des citoyens, et cela est si vrai, que plusieurs corps sont passés à l'Empereur, contrairement aux ordres de leurs chefs. Jamais, tant que les choses seront telles qu'elles le sont maintenant, nous n'aurons à craindre de la part de l'armée des divisions comme il y en a eu du tems de l'Empire Romain. Du tems des Empereurs Romains, les grands étaient devenus assez puissans et assez riches pour pouvoir lutter contre le Gouvernement, et le peuple si pauvre, qu'il n'avait pour subsister d'autres moyens que l'obéissance aux chefs qui les avait choisis.

Avant le débarquement de l'Empereur, des corps d'armée s'ébranlèrent ; on conçut sans acceptions de grandes inquiétudes, on craignait la guerre sans savoir contre qui; on sentit bien que les Bourbons ne seraient point défendus par l'armée, on craignit un nouvel envahissement. Enfin, parut le sauveur de la patrie. Les Bourbons firent des efforts infinis pour résister, ils promirent tout, ils jurèrent d'observer la charte constitutionnelle ; ils promirent à l'armée le paiement de ce qui lui était dû ; ils appelaient tous les Français, ils eurent recours à des assassins, ils ne furent point écoutés, et le peuple et l'armée ramenèrent en triomphe Napoléon sur son trône : les Bourbons disparurent. Tous les potentats du monde reçurent une leçon, peut-être unique dans les fastes de l'histoire, en apprenant, comme par enchantement, qu'il n'est de puissance et de légitimité pour eux que dans l'amour de leur peuple; l'attachement que la nation a témoigné à l'Empereur lors de son retour, a dû être pour lui la plus noble récompense, tant de ses bienfaits que de ceux qu'il nous a promis. A ce changement, nous avons gagné la preuve de l'impuissance des Bourbons, et la gloire nationale s'est relevée.

L'Empereur tient les promesses que le Roi

avait faites à la nation ; il vient d'abolir les exercices des droits réunis , de rendre la liberté à la presse ; et trop grand pour user du droit de représailles , en ratifiant la capitulation du duc d'Angoulême , il lui a donné la vie.

A quoi donc a servi la noblesse dans toutes ces révolutions ? à rien.

Les nobles n'ont pas su défendre Louis XVI , ils n'ont pas même essayé de défendre Louis XVIII , malgré l'appel que celui-ci leur avait fait. Ceux créés par l'Empereur ont été , par leurs défections , causes de sa déchéance. On peut même observer avec justesse que sous le règne de l'Empereur , les nobles ont servi Louis XVIII , et que sous le règne de celui-ci , ils ont servi l'Empereur , en cherchant à miner l'opinion sous le premier , et en déplaisant au peuple sous le second. (a)

M. de Montesquieu dit que la noblesse est de l'essence de la monarchie, il dit: « point » de monarque, point de noblesse ; point de

---

(a) En parlant ainsi des nobles , je pense qu'on ne m'imputera pas de les croire tous aussi blamables. Il existe dans les anciens et dans les nouveaux nobles des citoyens fort respectables et dignes de la considération publique la mieux méritée ; mais cependant c'est dans leurs corps que se sont trouvés ceux qui ont causé le plus de maux à la France , et qui ont trahi leur patrie et leur prince.

» noblesse, point de monarque. » Abolissez, dans une monarchie, les priviléges de la noblesse et du clergé, des villes et des seigneurs, et vous aurez bientôt un état populaire ou despotique. Le Gouvernement monarchique suppose des prééminences, des rangs et même une noblesse d'origine. La noblesse est l'intermédiaire entre le souverain ; et le peuple, elle est le plus grand appui du trône. Considérant en quelque sorte le peuple et le Monarque dans un état de guerre mentale, la noblesse empêche les entreprises du peuple contre le trône, non seulement par attachement au trône, mais encore pour sa propre conservation, aussi elle arrête les entreprises du trône contre le peuple, parce qu'il est de son intérêt que le Monarque ne soit pas trop puissant ; c'est ce qui fait, selon lui, que les histoires des monarchies sont pleines de guerres civiles sans révolution, et les histoires des gouvernemens despotiques pleines de révolutions sans guerres civiles. Il dit ailleurs : il y a toujours dans un État des gens distingués par la naissance, les richesses et les honneurs ; s'ils étaient confondus parmi le peuple, et s'ils n'y avaient qu'une voix comme les autres, la liberté commune serait leur esclavage, et ils n'auraient aucun intérêt à la défendre, parce que la plupart des résolutions seraient contre eux.

Voilà, je crois, les pensées de M. de Montesquieu, tant sur les Gouvernemens monarchiques que sur la constitution anglaise (*a*).

Il me paraît certain que M. de Montesquieu n'a voulu considérer les monarchies, non comme on pourrait les établir, mais comme elles étaient alors établies en Europe. Il aurait pu examiner de quelle influence avait été, pour la balance

---

(*a*) J'ai cité M. de Montesquieu, parce qu'il me semble qu'il est des politiques célèbres, celui qui met le plus en principe la nécessité d'une noblesse héréditaire dans les monarchies. Je crois qu'on peut faire le reproche à M. de Montesquieu d'avoir voulu flatter la noblesse, et je pense qu'on en sera convaincu en lisant son chapitre 25, livre 30, où, en réfutant M. l'abbé Dubos, il s'exprime ainsi : « il soutient (M. Dubos) qu'il n'y avait qu'un » seul ordre de citoyens parmi les Francs ; cette prétention *injurieuse* » au sang de nos premières familles ne le serait pas moins aux trois » grandes maisons qui ont successivement régnées sur nous. » Je ne connais pas l'ouvrage de M. l'abbé Dubos, mais ceux de M. Boulain-villiers et de M. l'abbé Mably, qui établissent une doctrine toute différente de celle de M. de Montesquieu, il est possible et probable qu'il y avait, dès l'origine, deux ordres de citoyens ; mais les prérogatives du premier ordre n'étaient point héréditaires. M. de Montesquieu aurait cependant dû remarquer qu'il a bien fallu que la noblesse ait eu une origine. Cette origine ne vient pas de la Germanie ; et quand elle en viendrait, il est constant que le premier qui fut noble ou roi n'était pas fils de noble ou de roi, par le fait seul qu'il était le premier de sa classe. M. de Montesquieu croit louer les grandes maisons, en leur disant : vous êtes le pur sang des barbares ; peut-être a-t-il raison.

des pouvoirs, les changemens arrivés successivement en France, dans les prérogatives de la noblesse : mais il s'est arrêté aux deux premières dynasties.

Il paraît constant, d'après M. l'abbé Mably, que lors de l'envahissement des Gaules par les Francs, tous les membres de cette nation étaient libres et égaux, ainsi que l'indique leur dénomination. Le prince avait ses favoris, qui étaient des généraux ou des membres de son conseil, qu'on appelait *Leudes*. Ainsi que cela devait être, ils devaient jouir de quelque autorité ou prérogatives, lesquelles étaient révocables ; et même il me semble que dès l'origine ils n'étaient accordés que pour l'année, ensuite ils le furent pour la vie. Les Leudes étaient chargés de Gouvernemens ; leurs enfans, au moyen du serment, purent succéder à quelques-uns des priviléges de leur père ; les titres de comte et de duc furent attachés à quelque commandement, ainsi que les formules de Marculfe le montrent. (Des états généraux, tome 2, page 280.)

Les Gouvernemens donnant beaucoup d'autorité à ceux qui en étaient chargés, les titulaires s'établirent d'eux-mêmes héréditaires, et les Rois n'eurent point assez de force pour s'opposer à cette usurpation de leurs droits, ils devaient foi, hommage et fidélité à leurs souverains ; cependant ils cherchèrent à se rendre indépendans, et lorsque Charles-le-Chauve les appela à son secours, ils voulurent lui vendre leurs services, et ils obtinrent, de la faiblesse du Roi, que la noblesse ne serait contrainte de suivre le Roi à la guerre, que lorsqu'il s'agirait de défendre l'État contre une incursion étrangère. Ainsi l'on voit que les Francs, lorsque dans leur nation les dignités n'étaient que personnelles et non héréditaires, furent vainqueurs et puissans, et surent se créer un État. Au contraire, lorsque les dignités devinrent héréditaires, les dignitaires s'isolèrent de la couronne, et le Roi fut obligé de les payer pour les avoir à sa défense. Ce sont ces intérêts, détachés du souverain et de la patrie, qui furent cause du changement de dynastie en France. Hugues Capet, en montant sur le trône, fut encore obligé de faire des concessions à la noblesse, en souffrant que les possesseurs de grands fiefs empiétassent sur les droits des gentilshommes de leurs dépendances. Qu'on lise les règnes de Charles VI, de Charles VII, de Henry III et de Henry IV, et qu'on dise ensuite si les nobles ont été utiles au Roi ; et si, en se révoltant contre leurs souverains, c'était l'intérêt de leurs vassaux qui leur mettait les armes à la main : mais bien plutôt pour acquérir de nouveaux droits d'indépendance contre leurs vassaux. On verra le bon Henry IV accepter des traités avec des nobles ses sujets, et leur payer le prix de leur soumission. Enfin, le cardinal de Richelieu, le cardinal Mazarin et Louis XIV soumirent la noblesse à leur sceptre de fer. Mais les Français n'en furent pas plus libres ; ils n'eurent plus qu'un despote, et ils eurent encore à souffrir la morgue et les dédains de la noblesse, mais non pas leurs ordres exprès. Ainsi, de tout tems en France la noblesse, loin de soutenir le trône, a cherché à le détruire ; et loin de soutenir l'État contre les envahissemens du souverain, elle n'a cherché qu'à miner l'autorité du souverain, pour en profiter exclusivement, et non à l'avantage du peuple. Elle s'est même plusieurs fois opposée formellement aux franchises que le souverain voulait accorder aux Etats. Si la noblesse est un intermédiaire entre le peuple et le souverain, cet intermédiaire n'a été favorable ni à l'un ni à l'autre.

C'est à son existence que l'on doit les diverses guerres civiles qui ont troublé la France, et qui justifient ce que M. de Montesquieu dit, que dans les monarchies, il y a des guerres civiles sans révolutions. Or, un Gouvernement de cette nature ne saurait convenir. Il définit bien les nobles et les gens riches, en disant qu'ils se croient esclaves lorsqu'ils n'ont pas plus de priviléges que les autres citoyens.

Mais comme en France la masse des petits propriétaires et des gens non titrés excède de beaucoup les riches et les titrés, on pourra difficilement persuader aux premiers, que pour leur avantage, il sera utile de donner des titres et des dignités héréditaires aux seconds.

On doit vouloir, dans l'établissement d'un acte constitutionnel, assurer une tranquillité durable à l'Etat, et établir les droits de chaque citoyen.

Du temps de Clovis, la noblesse n'était point héréditaire et consistait en l'administration des places confiées par le prince ou par la nation. Les titulaires de ces places ont profité de la faiblesse des Souverains et du morcellement des Francs dans les Gaules, pour s'approprier à perpétuité les comtés qui leur avaient été d'abord donnés en administration, et par suite de succès et de revers ils sont arrivés à leur dernière révolution, en ont été renversés par la volonté nationale, quoiqu'à cette époque ils eussent une autorité moindre que celle dont ils avaient joui ;

mais ils obtenaient toutes les faveurs sans les avoir méritées.

Qui peut répondre qu'en conservant l'hérédité dans notre nouvelle noblesse, le même cercle d'évènemens ne se représentera pas, et qu'on ne prépare pas à nos arrières-neveux les mêmes calamités dont nous avons été témoins ? Tous ceux qui connaissent les hommes, ou qui seulement réfléchissent sur eux-mêmes, doivent avouer que l'ambition est une des passions dominantes. Chacun, suivant le but qu'il se propose, veut y atteindre ; et cette passion prend la teinte des divers caractères et des diverses positions où l'homme peut se trouver : cette passion satisfaite rend l'homme vain et orgueilleux. Les nouveaux nobles, par les places qu'ils occupent, ont un accès plus facile près du prince et de ses ministres ; ils feront valoir les services qu'ils auront rendus, ils observeront que pour des services semblables ou moindres, leurs aïeux ont été récompensés des titres qu'ils portent, et demanderont de nouvelles récompenses. Il est possible qu'un prince faible leur accorde de nouveaux priviléges ou exemptions, la nation ne s'y opposera peut-être pas dès l'origine de ces immunités. Dans les temps de paix, les institutions ne se corrompent que petit à petit ;

et sans qu'on s'en aperçoive, dans les tems de guerre, les Gouvernemens peuvent tenter tous les changemens, parce qu'alors la nation occupée de sa défense, surveille moins le souverain duquel elle doit tout attendre. Il pourra donc se faire que cette noblesse devienne ce qu'était la noblesse qui a été abolie par la constituante, sans cependant qu'il lui soit possible d'acquérir jamais les droits de franchise qu'elle possédait avant Louis XII, par le motif que les lumières de la saine raison ne pourront plus s'éteindre en totalité : l'imprimerie étant une barrière insurmontable à l'ignorance complète dans notre nation. Mais en obtenant des faveurs exclusives, elle peut devenir le motif d'une nouvelle révolution.

Il me paraît tout aussi dangereux, pour la tranquillité de la France, de conserver une noblesse héréditaire, d'après ses lois constitutives qui lui assure une fortune inaliénable, que d'abolir, sans préparation, toute noblesse en Espagne, en Allemagne ou en d'autres pays, où les préjugés de naissance conduisent encore les hommes. Ici, on peut se représenter toutes les objections qu'on a faites au commencement de la révolution ; mais tous les écrivains philosophes, depuis Cicéron jusqu'à nos jours, qui ont traité cette matière, ont été d'un sentiment

unanime ; la noblesse soutenue dans chaque géné-
ration par la vertu, serait sans doute la branche
de l'Etat la plus intéressante ; mais les successions
non interrompues de vertus et de talens sont,
jusqu'à présent, sans exemples.

« La vraie noblesse se démontre dans les ac-
» tions, comme le dit Juvénal dans sa 8.ᵉ satyre ;
» *Nobilitas sola est atque unica virtus*. Il im-
» porte assez peu de qui nous avons reçu la vie,
» pouvu qu'elle soit vertueuse. Si notre berceau
» est sans lustre, que notre tombeau en acquière.
» Le premier avantage dépend du hasard, et le
» second de notre conduite. Quel titre plus
» noble que les sentimens ! Il est presque aussi
» ridicule à quelqu'un de se glorifier d'être né
» de parens illustres, quand il n'a rien de leur
» mérite, que d'entendre un nain se vanter d'être
» descendu de la race des géants, et croire que
» la taille majestueuse de ses ancêtres peut faire
» oublier les imperfections de la sienne ». (Les
aventures de messire Anselme, chevalier ès lois.)

Si on conservait l'hérédité de la noblesse en
France, il faudrait nommer un corps de surveil-
lans pour s'opposer à son ambition croissante ;
mais où trouver des hommes qui, placés entre
le trône et les grands, ne se laisseront point
corrompre.

Mais dira-t-on, les titres sont des récompenses accordées à ceux qui ont servi la patrie, soit dans les conseils, soit à l'armée; rien de mieux, je conçois qu'il faut récompenser, même d'une manière éclatante, ceux qui servent leur patrie. Mais j'attaque seulement l'hérédité de la récompense.

Les récompenses doivent faire la chaîne de contrebalencement des punitions; tout le monde pense que des punitions héréditaires sont des injustices; on doit penser aussi que des récompenses héréditaires sont des injustices. Tout citoyen qui ne fait que son devoir, n'a pas droit à la louange, de même qu'il est à l'abri du blâme; l'estime qu'il s'acquiert est récompensé par les places qui prouvent la confiance que l'État met en lui; mais lui accorder des honneurs ou des distinctions qu'on n'accorde pas à ceux qui occupent les mêmes places, c'est en quelque sorte blâmer, ou au moins supposer que ses confrères n'ont pas servi l'État comme lui. Aucune récompense ne doit être donnée sans être motivée; elle ne peut être ho-norable qu'à cette condition. Ainsi que le dit Jérémie Bentham : « Seule, la récompense ne » peut guères être employée que pour produire » des services extraordinaires, des œuvres de suré-» rogations ».

En effet, autrement l'utilité en est perdue. Multiplier les récompenses sans besoin, c'est les avilir ;
les rendre héréditaires, c'est décourager ceux
dont les pères n'ont rien obtenu, et mettre entr'eux
et les privilégiés plus ou moins de rangs ou de
places, avant de les rendre égaux, soit dans la
pensée de leurs compatriotes, soit dans celle des
distributeurs des grâces.

On ne saurait trop exciter et maintenir l'amour
de la gloire chez un peuple dont toutes les nations
voisines sont rivales : mais il faut que cet amour
tourne exclusivement au profit de la patrie; il
faut que le stimulant des honneurs et des récompenses porte les citoyens à être utiles à l'État,
en temps de guerre par leur vaillance, en temps
de paix, en rendant des services à leurs concitoyens, par l'exemple de leurs vertus, par leurs
talens, par leurs sacrifices. « L'amour de la patrie
» et l'amour de la gloire ont besoin d'être com-
» binés, soutenus et dirigés par le législateur, la
» première, source de toutes les vertus sociales,
» rend la seconde propre à produire les mêmes
» effets; ils se fortifient et s'aident mutuellement.
» Lorsque l'amour de la patrie anime la plus
» grande partie des citoyens, de quel sentiment
» peut être occupé celui que domine l'amour

» de la gloire? le bien public, mesure unique de
» l'estime générale, devient l'objet de toutes ses
» pensées et de tous ses efforts. L'ame qui est
» pénétrée de cette sublime passion, qui est per-
» suadée qu'elle ne peut la satisfaire que par ses
» travaux pour la patrie, ne la cherchera que
» dans les discours qui tendent à ce but : sem-
» blable à ces astres bienfaisans qui répandent la
» lumière et la vie dans la sphère de leur activité,
» d'où ils tirent à leur tour leur éternel aliment;
» son exemple, ses sacrifices, ses triomphes
» rendront plus énergique et plus actif dans les
» autres l'amour de la patrie, par le spectacle
» majestueux de ses vertus qu'il offre à leurs
» regards, et par la portion de sa gloire qu'il leur
» communique ». (Science de la législation par
Filangieri.)

Tout le monde connaît les lois rémunératoires
des Grecs et des Romains, et le grand nombre
de fêtes qu'ils faisaient célébrer, et qui avaient
pour objet d'exalter l'amour de la patrie dans
l'âme des citoyens. Là, les faits glorieux étaient
classés et les degrés de récompenses indiqués;
les honneurs étaient grands, aussi l'émulation
pour y atteindre était proportionnée : pourquoi
parmi nous n'en pourrait-il pas être de même?
En laissant cependant aux généraux et au

Gouvernement le droit de récompenser les services rendus à l'armée, et qui ne seraient point prévus dans la loi, parce que quelquefois on rend plus de services à l'armée par son intelligence que par sa bravoure ; mais toujours en les motivant, et au nombre de ces motifs, on n'admettrait pas celui d'avoir servi tant de tems, de s'être trouvé en telle ou telle autre affaire. Une récompense donnée d'après de tels motifs, n'indique pas un acte de surérogation, mais simplement qu'on a fait son devoir : c'est une preuve qu'on a vécu et non pas qu'on a été brave.

Tout Gouvernement doit avoir un but, vers lequel il doit diriger les citoyens. En tems de guerre, c'est la victoire ; en tems de paix, c'est de faire prospérer l'État, soit par son commerce, les arts, l'administration de la justice, etc. Pourquoi ne point indiquer dans chacune des carrières que les citoyens peuvent choisir, de quels efforts ils doivent se rendre capables pour obtenir une récompense ? Par exemple, celui qui ouvre une nouvelle branche de commerce utile à l'État ; celui qui, dans l'administration, facilite la perception ou rend des services marquans ; celui qui, dans les sciences et les arts dépasse tous ses concurrens ; le magistrat qui empêche une émeute d'éclater, qui prévient des crimes, etc., etc., etc.

Donner une récompense non méritée, c'est en quelque sorte ôter un fleuron à la couronne de la gloire.

Que les noms de ceux qui, pendant leur vie, n'ont travaillé que pour l'honneur et la prospérité de leur patrie, ou ont fait de grands sacrifices pour elle, soient placés au temple de la gloire; que l'honneur de cette inscription soit fort difficile à obtenir, qu'elle soit un objet d'envie; qu'on la pose avec une pompe nationale; qu'elle seule rappelle aux héritiers de cet homme illustré le chemin qu'ils doivent suivre pour parvenir aux honneurs qui ont été rendus à leur aïeul, et que tous se souviennent de cette belle allégorie des Romains : que « pour parvenir au » temple de la gloire il fallait passer par le » temple de la vertu. »

Il faut que le citoyen ou le soldat qui s'expose pour le salut de la patrie soit récompensé; que lorsqu'il dépose les armes, il ait un revenu suffisant pour vivre avec honneur. Il faut, lorsqu'il meurt pour son pays, que son pays serve de père à ses enfans. Mais cette obligation ne s'étend pas plus loin; il ne faut pas que les récompenses présentent un but à la cupidité; c'est en ternir une partie de l'éclat. Que ceux dont les moyens d'existence, soit par leurs places, soit par leur

fortune, ne voient dans les récompenses que
des honneurs et non des émolumens ; mais
qu'alors encore le Gouvernement en soit plus
avare. Montaigue a dit : « c'est, à la vérité, une
» bien bonne et profitable coustume de trouver
» moyen de recognoistre la valeur des hommes
» rares et excellens, et de les contenter et
» satisfaire par des payemens qui ne chargent
» aulcunement le publicque et qui ne coustent
» rien au prince, et ce qui a esté toujours cognu
» par expérience ancienne, et que nous avons
» aultrefois aussi peu veoir entre nous, que
» les gens de qualités avaient plus de qualités, de
» telles récompenses que de celles où il y avait
» du gaing ou du profit. Cela n'est pas sans
» raison et grande apparence, si au prix qui
» doit être simplement l'honneur, on y mette
» d'autres commodités et de la richesse, ce
» meslange, au lieu d'augmenter l'estimation,
» il la ravale et en retranche...........; car à la
» vérité les autres n'ont pas leur usage si digne,
» d'autant qu'on les emploie à toutes sortes
» d'occasions: par les richesses on satisfait le
» service d'un valet, la diligence d'un courrier,
» le dansez, le voltiger, le parler et les plus
» vils offices qu'on reçoive. Voire et le vice
» s'en paye, la flatterie, le maquerellage, la

» trahison, ce n'est pas merveille, si la vertu
» reçoit et désire moins volontiers cette sorte de
» monnoye commune que celle qui lui est propre
» et particulière, toute noble et généreuse.
» Auguste avait raison d'estre beaucoup plus
» mesnager et espargnant de celle-ci que de
» l'aultre, d'autant que l'honneur c'est un privi-
» lége qui tire sa principale essence de la rareté
» et la vertu mesme. »

Ces principes sont très-applicables à la position
actuelle de la France, où, sur le point de se
défendre d'une guerre qui exigera peut-être des
sacrifices très-grands, et de la part des guerriers
des actions d'éclat nombreuses, (et nous avons
la certitude que ces actions ne manqueront pas);
ces derniers auront droit à des récompenses
égales et de même nature que celles qui ont été
accordées à leurs dévanciers dans le chemin de
la gloire. La France ne veut plus faire de conquêtes, par conséquent, faire pàyer par les
vaincus les récompenses des vainqueurs. Dans cet
état de choses, toutes les récompenses seront à
la charge de la France, qui pourra bien se trouver foulée du poids de ses braves. Ce serait donc
une action de civisme de la part des grands, de
ceux qui peuvent vivre honorablement par les

profits de leurs charges, ou par leur fortune, d'abandonner à l'État les émolumens attachés à leurs dignités purement honorifiques (*a*), cela mettrait à même le Souverain de récompenser d'autres braves qui, beaucoup moins riches, trouveraient par-là les moyens de vivre honorablement.

Il est de principe incontestable, qu'on tient d'autant plus à sa patrie, que sa fortune particulière dépend de celle de l'Etat. C'est peut être la raison pour laquelle il règne un esprit national aussi prononcé en Angleterre; c'est qu'une grande partie des Anglais sont créanciers de leur nation. D'où il suit les guerres nombreuses qu'ils ont entreprises, bien moins pour venger leur honneur national, que pour maintenir la balance du commerce en leur faveur.

Vus, d'après ce principe, les Anglais forment bien moins une nation qu'une maison de com-

------

(*a*) Tigrane, général des troupes de Xercès, ayant vu à quoi se réduisait le prix du vainqueur dans les jeux de la Grèce, se tourna vers Mardonius, qui commandait l'armée, et dit : « O ciel ! quels » hommes nous allons combattre ! insensibles à l'intérêt, ils ne se » battent que pour la gloire, et ne connaissent nulle autre passion. »

(Filangieri.)

merce, dont l'influence sera réduite à rien, du moment même que leur commerce cessera de prospérer.

Il n'est pas moins certain que le sol attache à la patrie, qu'un propriétaire s'intéresse beaucoup plus à la prospérité de l'Etat qu'un non-propriétaire, qu'un manouvrier. Le premier craint le ravage de ses terres; le second n'a rien à perdre, tout Gouvernement lui est égal; son véritable Souverain est celui qui lui paie ses journées. Il est un véritable cosmopolyte, qui ne devient sujet que là où il trouve à subsister. Ils deviennent dangereux dans un Etat, aussitôt qu'il s'y trouve des grands assez riches pour les solder. Le propriétaire, croyant sa subsistance assurée par le produit de ses terres, se marie, donne des enfans à l'Etat. Aussi, les anciens législateurs ont-ils cherché à multiplier le nombre des propriétaires. L'Etat dans lequel il se trouve de grands propriétaires, nécessairement il s'y trouve un grand nombre de non-propriétaires, et par conséquent d'individus moins attachés au salut de l'Etat.

La révolution de France est une preuve incontestable de ces vérités. La vente par morcellement des biens du clergé, de la couronne et des émigrés, a multiplié le nombre des propriétaires;

… population s'en est accrue, nonobstant les guerres continuelles que la nation a eues à sou-tenir, et quoique le nombre de célibataires, vic-times de ces guerres, ait outrepassé de beaucoup le nombre de religieuses qui étaient vouées au célibat, et est encore pour la France un objet d'un grand rapport, par le produit des contri-butions, droits de mutations et plus grand produit d'agriculture.

En appliquant ces principes au décret du 1.er mars 1808, on sera persuadé qu'il est contraire aux intérêts de la France, de même qu'il serait la source d'une suite d'injustices (a).

____

(a) Les deux décrets du 1.er mars 1808, sont une suite des idées que l'Empereur avait conçues du grand Empire. Les majo-rats, émanant de sa munificence et posés sur des conquêtes, est un partage des terres des vaincus entre les vainqueurs; ce qui devait donner plus de zèle à ceux-ci pour défendre leurs conquêtes, mais aussi plus d'ardeur aux vaincus pour se soustraire à notre domination, puisque par là, une nation qui devait être indépen-dante, se trouvait en quelque sorte serf de la France.

L'art. 6 du second décret est encore une suite de la conception de notre grande prospérité; car on conçoit que la population s'augmentant, le commerce s'augmente en proportion, et par suite, les consommations de tous genres. Mais le nombre des terres restant toujours le même, leur produit et leur valeur doivent augmenter en proportion; aussi remarque-t-on que les familles qui

On doit examiner une loi, non d'après l'effet qu'elle peut produire du moment de sa promulgation, mais encore d'après les effets qu'elle doit produire après une suite de temps de sa promulgation.

Ce décret est contraire aux intérêts de la France, puisqu'il a pour but de rendre inaliénable une partie des domaines privés, d'augmenter le nombre des grands propriétaires, et qu'il diminue le nombre de mutations, et par suite, les produits du fisc (a).

---

il y a seulement cent ans, étaient riches du produit des ascencemens qu'elles avaient faits, sont maintenant pauvres, et que ceux qui à cette époque étaient pauvres du simple revenu de leurs terres, sont devenus aujourd'hui riches. Il était donc convenant que ceux qui n'ayaient qu'un revenu monétaire puissent l'augmenter, et par ce moyen, se trouver d'équilibre avec la marche progressive de la fortune de l'État. Il est encore à observer que tout a un terme, et que les retenues indiquées par cet article n'en ont pas, de sorte qu'après un laps de temps peu long, les revenus d'un majorat en actions sur l'État, se trouveront triplés, quintuplés, etc., etc.; et la fortune de l'État ayant ses périodes croissantes et décroissantes, il conviendrait de prendre pour base de retenues, le prix du blé et autres objets de première nécessité (année moyenne); car ce qui constitue réellement la richesse, c'est la proportion entre les revenus monétaires et le prix des objets de première nécessité.

(a) Il peut être important que l'État ait des domaines inalié-

il peut être la source d'une suite d'injustices. En effet, pour être membre d'un collége électoral de département, il faut être au nombre des six cents plus imposés de son département ; c'est-là la condition la plus difficile à remplir : une fois cette condition remplie, on pourra facilement se faire nommer membre d'un collége.

---

nables ; mais jamais les particuliers ne doivent en avoir, parce que les revenus de l'État doivent diminuer les Contributions d'autant. Il serait fort important que les revenus de l'État fussent assurés plutôt sur des forêts que sur des propriétés agraires. La raison en est que chaque particulier devant avoir le droit d'user de sa propriété, ainsi qu'il le croira convenable, l'empêcher de couper les bois qui lui appartiennent, c'est en quelque sorte les mettre dans une position moins avantageuse que celle d'un usufruitier ordinaire ; et malgré les réglemens, les bois particuliers ont toujours été moins bien entretenus et aménagés que ceux du Gouvernement. On sait que les bois de charpente et de grande futaie lui sont d'une grande utilité ; cependant on ne pourra pas exiger des particuliers qu'ils laissent croître leurs bois en grande futaie. Du temps de Colbert on se plaignait déjà des aliénations des bois du domaine : d'ailleurs c'est que les bois n'exigent aucune culture et sont d'un produit plus certain qu'aucune autre propriété, moins susceptibles de morcellement ; enfin, ce ne sont pas les bois, malgré leur grande utilité, qui fournissent la nourriture de l'homme. Il serait donc avantageux à l'État, que ses domaines fussent exclusivement en bois, et que tous bâtimens ne dépendant pas d'un établissement public, ou n'y étant pas utile, de même que les terres susceptibles de culture ou non, fussent vendus de préférence.

Le peuple est peuple par-tout. Si en Angleterre on achète des nominations du peuple, peut-
on espérer que les Français seront toujours à
l'abri de séductions; et comme les nominations
à un collége sont à vie, il peut donc arriver que
celui qui ne doit sa fortune qu'à la rapine, qu'à
la mauvaise foi, soit nommé baron, et que ses
descendans marchent de pair avec ceux du brave
citoyen qui a rendu des services à la patrie.

Et pourquoi encore ne récompenser qu'un des
descendans, aux dépens de ses frères et sœurs?
Ceux-ci sont-ils donc moins du sang de leur
illustre aïeul que leur aîné? Ils porteront comme
leur aîné le nom de leur famille, et l'État les
laissera-t-il dans le besoin? Autrefois on plaçait
les cadets, pour leur donner du pain, dans l'état
ecclésiastique; des chapitres étaient établis pour
eux; ou bien ils entraient comme officiers dans des
corps. Peut-on aujourd'hui en France, et pourra-t-
on jamais rétablir ces anciennes institutions? Non.
Le décret dit bien que les autres héritiers pourront
demander à leur aîné leur légitime. L'aîné la
leur promettra. Pour le faire, il faudra qu'il ac-
quierre de la fortune. L'avidité entrera dans son
ame; il cherchera peut-être à abuser de la confiance
que son nom devra inspirer. Son majorat est ina-

liénable, inhypothécable; ceux qui traitent avec lui n'ont aucun recours sur sa fortune, et cette institution, qui devrait perpétuer l'honneur, n'enfantera que l'avidité et la mauvaise foi, de tous les vices les plus opposés à l'honneur (a).

L'abolition de l'hérédité des majorats aura encore cet avantage, c'est de remettre à la couronne des biens, après la mort des titulaires qui ont été dotés par la munificence de l'Empereur, et en conséquence, le Gouvernement sera à même de récompenser de nouveaux services, et par là d'en recevoir.

Mais s'il est utile à la prospérité de l'Etat que les dignités ne soient point héréditaires; il est

---

(a) Je remarque encore que quelques-uns de ceux qui ont établi des majorats, ont changé leurs noms en celui de leurs majorats. Cela est, selon moi, aussi blamable; ce n'est pas le prince de.... qui s'est illustré à tel combat, mais bien M. tel........; on se souvient bien de son action, mais non pas de son nouveau nom. Il semblerait que ces Messieurs croient qu'on aura plus d'estime pour un prince, un duc, etc, que pour le vainqueur en tel combat, ou pour le ministre ou conseiller habile, qui a rendu tel service. Dans ce cas, la vanité les aveugle; rien n'est plus ordinaire qu'un duc, un comte, et rien n'est plus rare que de rendre un service signalé à sa patrie. On remarque la fortune au premier, mais on n'oublie pas l'action du second.

encore plus utile pour sa tranquillité que le pouvoir exécutif soit héréditaire.

« Rien au premier coup-d'œil n'est si avantageux
» pour une nation que le droit d'élire ses maîtres.
» On croit voir dans cette brillante prérogative
» un germe inépuisable de talens et de vertus.
» Il en serait ainsi, si la couronne devait tomber
» sur le citoyen le plus digne de la porter. Mais
» c'est une chimère démentie par les expériences
» de tous les peuples et de tous les âges. Un
» trône a toujours paru à l'ambition d'un trop
» grand prix, pour être l'apanage du seul mérite.
» Ceux qui y aspiraient, ont eu constamment
» recours à l'intrigue, à la corruption, à la force ;
» leur rivalité a allumé à chaque vacance une
» guerre civile, le plus grand des fléaux politiques,
» et celui qui a obtenu la préférence sur ses con-
» currens n'a été durant le cours de son règne
» que le tyran des peuples, ou l'esclave de ceux
» auxquels il devait son élévation. » (Raynal.)

L'histoire confirme ces principes de Raynal ;
tout le monde sait qu'il y eut plusieurs Empereurs Romains qui, étant élus de manière différente, se disputèrent le trône ; il y eut trois
Papes, il y eut deux Rois de Pologne, ect., etc.

Et les discussions qu'entraînèrent ces élections, firent périr plus de citoyens qu'un siècle de tyrannie; et c'est à ces élections des souverains qu'est dû l'anéantissement de la Pologne, et en grande partie la chûte de l'Empire Romain.

Le but de notre constitution sera donc de fixer le pouvoir exécutif d'une manière stable et héréditaire, et il conviendra sans doute de lui donner les plus grands pouvoirs pour l'exécution des lois et la défense de la patrie; et toute la responsabilité sur les ministres.

« Les Anglais ont pensé que le souverain » devait être sacré, qu'il ne pouvait jamais avoir » tort; ils l'ont mis comme un Dieu, hors de la » portée des traits et des imprécations des hom» mes, mais ils ont rendu responsables tous les » agens qu'il emploie, et l'ordre du monarque » ne sert jamais d'excuse à celui qui viole une » loi. Il les surveille sans cesse: Dieu n'ordonne » pas de mal, disent-ils, mais ses prêtres en » commandent en son nom, ils lui prêtent leurs » mauvaises actions et leurs coupables pensées: » c'est eux seuls qu'on doit punir et qu'il faut » contenir. » (Supplément au contrat social, par Gudin.)

Enfin, en établissant d'une manière fixe et à

la portée de tout le monde les différences qui doivent se trouver entre un décret et une loi, (*a*) vous fixerez à jamais la liberté en France, et réaliserez cette pensée de M. de Montesquieu.

« La démocratie et l'aristocratie ne sont point
» des états libres par leur nature : la liberté po-
» litique ne se trouve que dans les Gouvernemens
» modérés; mais elle n'est pas toujours dans les
» Etats modérés; elle n'y est que lorsqu'on n'abuse
» pas du pouvoir. Mais c'est une expérience
» éternelle, que tout homme qui a du pouvoir,
» est porté à en abuser. Il va jusqu'à ce qu'il
» trouve des limites. Qui le dirait? la vertu même
» a besoin de limites.

« Pour qu'on ne puisse abuser du pouvoir, il
» faut que, par la disposition des choses, le
» pouvoir arrête le pouvoir. Une constitution
» peut être telle que personne ne sera contraint

______

(*a*) C'est alors que les lois ne seront plus *comparables aux toiles d'araignées qui prennent les mouches et laissent passer les oiseaux.* Anacharsis, et que la fameuse définition par Raynal sera vraie. » La loi est l'expression de la volonté générale, cette volonté doit être exprimée par les représentans de la nation, elle doit faire plier tout le monde à sa volonté; et comme le dit Raynal, là où un individu est au-dessus de la loi, les autres s'appelleront comme ils voudront, ils ne seront jamais que des esclaves.

» de faire les choses auxquelles la loi ne l'oblige
» pas, et de ne point faire celles que la loi lui
» permet. » Liv. 11, chap. 4.

En assurant à la France la liberté et l'égalité
politiques, c'est lui assurer, pendant le même
temps que cette liberté et cette égalité dureront,
une prospérité et une force supérieures à celles
de tous ses voisins; ce sera remonter l'énergie de
la nation; faire de tous les Français des citoyens
intéressés à la conservation de l'Etat; c'est pour la
conservation de ces droits précieux qu'ils vaincront
dans cette lutte sacrée qui semble se préparer, et qui
offrira au monde entier, le spectacle d'une nation
défendant son indépendance contre le despotisme
et les préjugés. Si les Souverains ne tiennent leur
trône que de Dieu et de leurs épées, ou comme
l'explique M. de Real, dans la science du Gouvernement, ils ne relèvent que de Dieu et de leurs
épées; l'indépendance des nations relève aussi de
Dieu et de cette liberté de vouloir qu'il a mise
dans le cœur de tous les hommes. S'il eût voulu
distinguer les Souverains des autres hommes, il
eût privé le reste de l'espèce humaine de la liberté
de penser, et l'aurait remplacé par l'obéissance
passive. Si les Souverains pouvaient nous vaincre,
ils ne pourraient jamais vaincre ni étouffer les

lumières de la raison : ils apprendront qu'ils doivent régner pour l'intérêt de leurs peuples, et que si leurs personnes sont sacrées, c'est moins pour leurs intérêts personnels que pour ceux des nations qu'ils gouvernent; et les peuples sauront qu'ils n'ont aucun intérêt à attaquer une nation qui ne demande que son indépendance.

Telles sont, Messieurs, les pensées que mon patriotisme m'a porté à vous communiquer.

Noël, *Notaire impérial.*

Membre du Collège électoral d'Arrondissement.

Nancy, le 20 Avril 1815.